AF572837

DANKSAGUNG

Ich weiß nicht, wie ich ohne die Universitätsbibliothek der University of Illinois at Urbana-Champaign an alle Quellen gekommen wäre, die ich zur Recherche zu diesem Buch brauchte. Die Bücher (insbesondere die französischen), Josephines Filme aus den 20er- und 30er-Jahren sowie die musikalischen und gesprochenen Aufnahmen (die ich auf mir zuvor vollkommen unbekannten und veralteten Geräten anhörte, die auch von der Bibliothek gestellt wurden) waren unbezahlbar. Auch hatte ich das Glück, 2006 die von Olivia Lahs-Gonzales kuratierte Ausstellung *Josephine Baker: Image and Icon* in der Sheldon Art Gallery in Saint Louis, Missouri, besuchen zu können.

WIDMUNG

In Erinnerung an meine wundervolle Mutter Dolores M. Hruby – P.H.P.

Für Josephine – C.R.

BESONDERER DANK

an Lovisa Brown, Leiterin der Museumspädagogik des Museums der Afrikanischen Diaspora, für die großzügige Hilfe bei der Produktion dieses Buchs.

Dieses Buch ist Teil unseres Programms E. A. SEEMANNs BILDERBANDE. Es umfasst Bücher und Spiele, die Kindern mit viel Spaß die bunte Welt der Kunst eröffnen: Malerei, Architektur und Kultur, Musik, Oper, Theater und Tanz. Die BILDERBANDE macht Bücher zum Rätseln, Malen, Entdecken und Kunstmachen, Geschichten zum Vorlesen und Spiele.

Mehr erfahren Sie auf www.seemanns-bilderbande.de, wo wir auch zum Thema »Kunst für Kinder« bloggen.
www.facebook.com/seemanns.bilderbande

www.seemanns-bilderbande.de

Die englische Originalausgabe erschien bei Chronicle Books LLC, San Francisco, Kalifornien, unter dem Titel *JOSEPHINE. The Dazzling Life of Josephine Baker*

Schriftart Neutra Text, Neutra Display und Monterey BT.
Die Illustrationen in diesem Buch wurden mit Acrylfarbe auf Papier geschaffen.

Bibliografische Information der Deutschen Nationalbibliothek:
Die Deutsche Nationalbibliothek verzeichnet diese Publikation in der Deutschen Nationalbibliografie; detaillierte bibliografische Daten sind im Internet über http://dnb.dnb.de abrufbar.

Projektmanagement: Caroline Keller
Übersetzung: Alexandra Titze-Grabec, Wien
Übersetzung S. 4 und 100–101: Viktoria Peter
Satz: Jonas Pietsch, Berlin
Printed in China

ISBN 978-3-86502-404-6

JOSEPHINE

Das schillernde Leben von Josephine Baker

TEXT
PATRICIA HRUBY POWELL

ILLUSTRATION
CHRISTIAN ROBINSON

„Ich will mein Leben lang tanzen . . .
Sterben möchte ich gerne atemlos,
erschöpft, am Ende eines Tanzes.“

—JOSEPHINE BAKER, 1927

JOSEPHINE

tanzte einen feurigen Flapper-Tanz –
den Charleston.

Knie schieben zusammen, dann FLIEGEN sie,
Hacken klappern und knallen,
Arme überkreuzen sich
und breiten sich aus,
Augen verdrehen sich und springen vor.

Josephine, ganz
WILDER FEGER,
kam über die Wilden Zwanziger –
wie ein VULKAN.

Amerika war nicht bereit für Josephine,
den farbigen Superstar.

PARIS WAR BEREIT.

DER ANFANG
1906–1917

Josephine –
arm geboren,
außerehelich
in der verrufenen Stadt –
dem ungestümen
SAINT LOUIS, Missouri –
Heimat von billigen Kneipen,
von Whisky für 'nen Nickel,
und Glücksspielspelunken –
Heimat
des RAGTIME –
abgehackter schwarzer Musik –
Musik, um die Miete zu zahlen,
Musik, um die Laune zu heben.
Musik der GOLDENEN ÄRA.

Josephines Mama schrubbte Böden
und hätte doch viel lieber
GETANZT –
Da gab's kein:
Wie zahl ich bloß die Miete?
Da gab's nur:
Du in deinem Körper.
Nirgends sonst konnte
dein Körper so LACHEN.
Oder WEINEN.

Sie träumte vom Tanzen
neben Akrobaten, Magiern, Tieren,
Spelunken-Kapellen, such's dir aus.
Sie nannten es VARIETÉ,
die beliebteste Unterhaltung jener Zeit.

Josephine saß auf Mamas Knie und saugte diese irre Musik auf,
durch ihre Ohren, ihren Körper.
Ihre SEELE.

Mama nannte sie TUMPY, dieses knuffige kleine Mädchen,
nach Humpty Dumpty.
Schon bei ihrem ersten Schrei schnitt sie Grimassen.
Sobald sie gehen konnte, TANZTE sie.
Wenn sie sprach, erzählte sie Geschichten
und hörte ihr Lebtag nicht mehr damit auf,
Aufmerksamkeit zu erregen,
zu unterhalten,
wie es ihr gerade passte.

Sie erzählte DIESE GESCHICHTE:
Eines Tags auf dem Heimweg von der Kirche
trat sie auf einen rostigen Nagel.
Ihr schmales Bein schwoll an.
AMPUTIEREN, riefen die Ärzte!
Josephine schrie, um ihr Bein zu behalten.
Wie sollte sie tanzen mit nur einem Bein?
Sie schrie, bis sie umkippte.

Als sie erwachte, griff sie nach ihrem Bein.
Ja, ja.
Es war noch da.
Sie hätte vor FREUDE TANZEN können.

Tumpy und ihre Familie zogen durch
die Slums von Saint Louis,
wie eine Schar VAGABUNDEN,
von Schuppen zu Schuppen.

Zu sechst schliefen sie in einem Bett –
Papa und Mama, die Köpfe in eine Richtung,
vier Kinderchen am anderen Ende –
Zeitungen vor den Fenstern.

Tumpy war
MAMA, PAPA und WEIHNACHTSMANN
für die Kleinen.
Alte Seile zum Hüpfen,
Kreidestückchen für Himmel-und-Hölle
und abgelegte Puppen,
die sie in altes Papier packte –
Weihnachtsgeschenke für Richard, Margaret
und Willie Mae.

Mama wusch Wäsche. Für fremde Leute.
Tumpy schrubbte an Mamas Seite.

Und Tumpy TANZTE.

*„Ich hatte keine Strümpfe . . .
Ich tanzte, um mich warm zu halten."*

Sie schwang ihre Arme,
sie schwang ihre Beine.
Wie auch ihr Herz und ihre Seele schwangen.
Denn TANZEN macht GLÜCKLICH,
wenn sonst gar nichts mehr geht.

7
5
4
3
2
1

AUF UND DAVON
MIT DER SHOW
1917–1921

RASSENUNRUHEN – Weiße gegen Schwarze –
BRACHEN über den Fluss,
herüber aus ihrer Barackenstadt.
Denn manche Schwarze verdienten mehr als Weiße.
In besseren Jobs.

WEISSE AUFWIEGLER verbreiteten Lügen –
meinten, Schwarze würden in weiße Viertel einfallen,
um zu stehlen, zu plündern und zu morden.

Die weißen Leute bekamen's mit der Angst.
Dieses gemeine Gerede stachelte einige Weiße dazu an,
im SCHWARZEN OSTEN VON SAINT LOUIS zu prügeln,
zu morden und zu brandschatzen.

JOSEPHINE sah farbige Menschen
— verprügelt —
aus ihrem Zuhause fliehen,
auf der Brücke über den Mississippi
nach Saint Louis.
In ihr Viertel.

Die Angst kroch in ihr Herz
und schnürte es ab,
den Kern eines Vulkans.
Zorn kochte hoch und brodelte als Dampf.
Drängte HEISS
aus einem Ort TIEF IN IHRER SEELE.

Später dann ließ sie den Dampf hinaus,
in kleinen Wölkchen.

PUFF!

Ein ulkiges Gesicht.
Das zuvor Angst war.

PUFF!

Sie ahmte eine Geste nach.
Die zuvor Wut war.
Verwandelte sie in einen Tanz.

AH, WIE CLEVER.

Josephine lieferte Wäsche für Grandma aus.
Und für Mama.
Sie putzte und hütete Babys.

Sie verdiente Pennies.
PENNIES wurden ZU NICKELN.
Mit dreimal 'nem Nickel
ging Tumpy zum
BOOKER T. WASHINGTON THEATER –
dem Neger-Theater –

dem Ort, an dem Ma Rainey auftrat und Bessie Smith klagend sang,
dem Ort, an dem Tänzer leichtfüßig die Hufe schwangen
und Komiker dich zum Lachen brachten.

In jenen Tagen spielten Schwarze für Schwarze an einem Ort.
Und Weiße für Weiße an einem anderen Ort.
So war das damals.
GETRENNT.

TUMPY brachte die Kinder in ihrer Straße
auf einer Bühne aus Kisten zum Tanzen und Singen –
eine Behelfs-Bühne –
ihr ganz eigenes VARIETÉ.
Tumpy natürlich als Star.
Sie tanzte den „ITCH“
und den „MESS AROUND“.

JOSEPHINE SCHLOSS SICH DER JONES-FAMILIE AN.
Ein chaotisch-buntes Trio, das für Kleingeld
in den Straßen TANZTE und SPIELTE.

Papa Jones spielte die Tuba,
Mama Jones blies die Trompete
und Tochter Dolly fiedelte auf der Geige.
Josephine spielte die ZUGPOSAUNE.
Sie tanzte.
Sie sang.
Sie SCHRIE und BRÜLLTE dort auf der Straße.

Eine temperamentvolle Varieté-Truppe,
DIE DIXIE STEPPERS,
die im Booker T. Washington Theater auftrat,
suchte eine neue Shownummer.
Die Familie Jones, die vor der Türe spielte,
bekam den Job.

Von der Straße direkt auf die Bühne,
Josephine tanzte, als stünde sie
IN FLAMMEN.
Sie verbog ihren Rücken und rüttelte ihr Hinterteil wie ein Puter,
sie flatterte und blies sich auf,
tanzte den „Turkey Trot".
SO GUT,
dass die Dixie Steppers sie baten,
sich ihnen anzuschließen.

Macht's gut, Familie Jones.
Josephine stieg aus.

JAWOLL, sie flog als Amor über die Bühne,
der Gott der Liebe, mit baumelnden Beinen und kleinen Flügeln.

Eingehakt an Drähten,
hielt sie Pfeil und Bogen.
Doch ihre Drähte gerieten durcheinander.
Sie konnte nicht mehr runter.
Hing da mitten in der Luft,
rollte mit den Augen, als feuerte sie Murmeln,
schlug mit den langen Beinen um sich.

WAS FÜR EIN CLOWN!

„Als ich sah,
dass alle mich beobachteten,
war ich wie elektrisiert.“

Das Publikum lachte Tränen.
Sie TRAMPELTEN.
Sie KLATSCHTEN.
Nur ein Kind, erst dreizehn,
und Josephine liebte diesen verrückten Applaus.

Die Dixie Steppers, bereit, Saint Louis zu verlassen,
um auf Tour zu gehen,
hielten Josephine für zu jung,
um ihrem Zuhause den Rücken zu kehren.

Josephine sah das anders.
Zu ihrer kleinen Schwester Margaret meinte sie:

„Hand auf's Herz ...
Schwöre, dass du's Mama nicht verrätst ...
Ich gehe mit der Show ...“

Und Josephine brach mit den Dixie Steppers auf.
Sie würde DIE WELT EROBERN und es allen zeigen.
Sie würde reich sein,
sie würde berühmt sein.
Sie würde sogar Geld nach Hause schicken.

Die Dixie Steppers nahmen den Zug
entlang des MISSISSIPPI,
runter nach NEW ORLEANS,
den ganzen Weg
nur Tanzen, Singen, Feiern
durch das Land des Ku-Klux-Klan,
wo weiße Gesichter sich unter weißen Kapuzen versteckten,

wo weiße Leute farbige Leute bedrohten,
wo Weiße abseits lebten,
getrennt von Farbigen,
wo auf der einen Latrine „für WEISSE Damen“ stand
und auf der anderen „für FARBIGE Frauen“,
wo eine weiße Person dir keine
Tasse Kaffee verkaufte.
Weil du ein
NEGER warst.

Sie traten auf der schwarzen Varieté-Tour auf,
in MARODEN Theatern
und FREILUFT-Löchern,
doch da war kein Platz, um Amor aufzuhängen.

Anstatt zu tanzen,
wurde Josephine eben GARDEROBIERE.
Sie half, die Tänzer da unten in New Orleans anzukleiden.
Bis sie nicht mehr gebraucht wurde.

Und wer war da wohl zufällig in der Stadt,
die chaotische FAMILIE JONES –
Papa, Mama und Dolly.

Die Dixie Steppers meinten,

BLEIB HIER MIT DEN JONES', JOSEPHINE,

du gehörst nicht auf die Bühne.

Doch was würde dann aus Josephines Plan,

die Welt zu erobern?

Ehe der Zug der Dixie Steppers dampfend den Bahnhof verließ,

versteckte Josephine sich in einer Kostümtruhe,

ALS BLINDER PASSAGIER.

Sie SCHLINGERTE und HÜPFTE und STIESS sich
in dieser Truhe.
Nach fünfundzwanzig Meilen
hielt der Zug kreischend an.
Sie wimmerte
und kletterte heraus.

Die Dixie Steppers schalten sie,
trösteten sie
und nahmen sie wieder in den Schoß der Familie auf.

Sie flehte Direktor Bob Russell an,
könnte sie BITTE auf der Bühne TANZEN?
Sie kannte jeden Tanz.
Jedes Lied.

Mister Russell meinte, ihre Haut wäre zu hell,
um zu den anderen Mädchen zu passen.

„Für die Weißen
sah ich wie Schokolade aus,
für die Schwarzen wie Weißbrot."

Doch Mister Russell hatte genug von ihrem Flehen
und ließ sie in der Revue tanzen.

HURRA.
Josephine tanzte auf jeder Bühne,
sang für die Menge,
doch durfte nicht in Restaurants, Hotels,
und Bahnhöfe
NUR für WEISSE.

Josephines VULKANISCHER KERN heizte sich auf,
und die Komik in ihr wurde immer komischer,
wie ein Ablassventil für heißen Dampf.

PUFF.

Die Tanztruppe kickte nach vorne,
sie kickte zurück.

POP.

Sie stolzierten,
Josephine tanzte stattdessen den Shimmie.

Die Profis in der Truppe blickten FINSTER drein,
doch das Publikum lachte.
Als Schlusslicht der Truppe
geriet Josephine aus dem Takt
und tanzte mit den Dixie Steppers
bis hinauf nach Philadelphia,
wo die Dixie Steppers,
erschöpft von der Tour,
eigene Wege gingen.

ICH BIN NICHT
ZUM SCHLAFEN
GEBOREN
1921–1925

JOSEPHINE, nur ein großes, spindeldürres Kind,
ganz alleine
in der Stadt Philadelphia,
begegnete Willie Baker, Zugbegleiter,
schick in seiner grauen Uniform und der roten Kappe.
Und heiratete ihn.

Nun war sie
Josephine Baker.

Sie hörte von
der ersten komplett schwarzen Show
am Broadway – White Theater Street,
New York City, USA.

Shuffle Along,
von Schwarzen aufgeführt –
in jenen getrennten Zeiten –
schaffte es irgendwie an den Broadway.
Und die Weißen
liebten es.
HÖRT SICH GUT AN, FAND JOSEPHINE.

Unterwegs an den Broadway
fuhr sie GANZ ALLEINE in diesem Zug,
brechend voll mit Fremden,
fragte sich wohin, wenn sie erst mal da war,
WEINTE
die ganzen neunzig Meilen von Philly –
dort wartete der liebe, zuverlässige Willie.

Stieg in der Nacht in NEW YORK aus dem Zug,
nichts zu essen, kein Platz zum Schlafen.
Sie fand eine Parkbank,
packte ihr Bündel mit Kleidung unter den Kopf
und schlief.

Sie erwachte
GEBLENDET von der großen Stadt und voll Hoffnung,

ging schnurstracks zum Theater,
FRECH wie ein SPATZ, und sprach bei
Mister Sissle, dem Produzenten, vor:
„Tut mir leid,
zu klein, zu dünn, zu dunkel."

„Gab es denn keinen Ort auf der Welt,
an dem Farbe keine Rolle spielte?“

Doch JOSEPHINE bekam einen Job

als Garderobiere der Tänzer. SCHON WIEDER.

Sie lernte jeden Tanz.

Auch jedes Lied.

Nur für den Fall.

„Aufbürsten, schließen,
öffnen, zuknöpfen, aufknöpfen.
Die Tänzerinnen wirkten ernüchternd gesund."

Doch eines Abends

tauchte eine Tänzerin nicht auf.

Mehr brauchte es nicht.

Josephine TRAT VOR

das Publikum.

„Als ich diese Gesichter sah,
die mich beobachteten,
überkam mich ein Schwindel . . .
Ich ließ mich von der Musik davontragen.
Das Publikum pfiff und applaudierte."

Am ENDE der TANZTRUPPE
geriet sie auf federnden Beinen aus dem Gleichgewicht –
mit Absicht –
sah überrascht auf,
ließ die Ellbogen fallen
wie schlaffe Waschlappen,
VERDREHTE DIE AUGEN,
ließ ein Lächeln aufblitzen.
Und das Publikum LACHTE.

Josephine schob die Hüfte vor, flirtete und grinste
und stand plötzlich, statt Eva, dem Star, im RAMPENLICHT.
Das Publikum johlte.
Eva, die Tanztruppe, der Direktor –
alle zürnten Josephine.
Doch die Kritiken schwärmten:
„EINE GEBORENE KOMÖDIANTIN."

„Es ist unmöglich, die Augen von dem
kleinen schielenden Mädchen abzuwenden."

Sie brachte das weiße Publikum zum Lachen,
ZOG GESICHTER,
SCHNITT GRIMASSEN
und SEUFZTE während ihres exotischen Jig-Tanzes.
Josephine schwelgte darin
und behielt den Job.

Nach dem *Shuffle*
tanzte und sang Josephine IM STADTZENTRUM
im Plantation Club,
doch sie durfte nicht am Tisch sitzen
und mit den Weißen zu Abend essen.
Auch den Vordereingang durfte sie nicht benutzen.

NEGER nahmen den Hintereingang.
So lauteten die Regeln.
Amerikanische Regeln.
In RESTAURANTS,
NACHTCLUBS,
HOTELS,
ZÜGEN.
In den Kaufhäusern
durfte sie keine Hüte probieren,
denn das war nur
WEISSEN VORBEHALTEN.

Der DRUCK IM VULKAN
drängte immer heftiger,
brodelte unter der Oberfläche –
heißes Magma,
GESCHMOLZENE LAVA,
GLÜHTE TIEF DRINNEN.

Doch Josephine verdiente gutes Geld
und schickte es nach Hause
für die Ausbildung ihrer Schwestern,
ein Klavier für die kleine Willie Mae.
EINES TAGES gäbe es ein Haus für sie alle.

ZUM ERSTEN MAL IN MEINEM LEBEN FÜHLTE ICH MICH SCHÖN

1925–1936

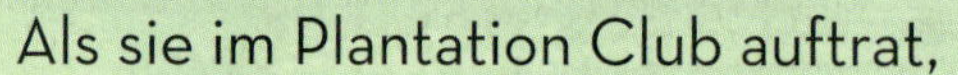

Als sie im Plantation Club auftrat,

ALBERN GLAMOURÖS GLITZERND,

wurde Josephine von einer eleganten, weißen Lady bemerkt, Caroline Dudley.

Sie bat Josephine, in *La Revue Nègre* aufzutreten.

In Paris, Frankreich.

PARIS? MAIS OUI!

Auf dem Schiff von New York nach Paris, wie in jedem guten, alten, amerikanischen Hotel, spazierten reiche, weiße, junge Ladys und schnittige Gentlemen auf den OBEREN Decks, Josephine und die anderen von *La Revue Nègre* stolzierten auf den UNTEREN Decks herum – GETRENNT NACH HAUTFARBEN.

Sie alle landeten in FRANKREICH
gemeinsam.
Bestiegen den französischen Zug
gemeinsam.
Und im Speisewagen:

*„Wurden wir willkommen geheißen …
Wir konnten unseren Augen nicht trauen."*

WAREN DIE FRANZOSEN DENN FARBENBLIND?
Die übermütige Truppe der Harlem Negroes
strömte aus dem Zug
in das verregnete Paris,
trug Zinnoberrot, Rosa, Gelb und Grün,
karierte Hosen, gepunktete Röcke und Blusen,
ausgefallene Hüte über ebenholzfarbenen Gesichtern,
und sie alle lachten
wie verrückt.

VIVE LA REVUE!

Und aus dieser fröhlichen Truppe
stach ein Teenager hervor,
bronzefarben, im karierten Overall,
lächelte und rief:

„Das ist also Paris!"

JOSEPHINE war in der
STADT DER LICHTER angekommen.

PAUL COLIN
sollte das Plakat malen, das
La Revue Nègre ankündigte.
Er betrachtete Josephine,
EIN EINFACHES REVUE-MÄDCHEN,
mit ihrem prachtvollen Ebenholz-Körper,
wie ein Preisboxer, wie ein Känguru,
mit Rhythmus in den Hüften,
wie eine Katze bereit zum Sprung,
ein Vulkan kurz vor dem Ausbrechen,
mit ihren schwarz bemalten Lippen.

Er zeichnete sie wieder und wieder.
VOILÀ! Josephine wurde zum Plakat-Mädchen.

*„Zum ersten Mal in meinem Leben
fühlte ich mich schön."*

Das Plakat sorgte in ganz Paris für Aufsehen.
Josephine SCHÄUMTE ÜBER.

Natürlich
wurde sie ausgewählt,
um die Charleston-Nummer zu eröffnen,
den neuen amerikanischen Neger-Tanz.

Bei der Probe
stakste sie auf Händen und Füßen über die Bühne,
Kopf nach unten, Hinterteil nach oben,
die Musik setzte ein.

SIE STAND.
Sie schwang die Knie, klatschte sich auf den Hintern,
wirbelte wie ein Kreisel,
sie tänzelte,
SIE BRODELTE.
Die Truppe fieberhafter Tänzerinnen schloss sich ihr an.

Dampf, der sich aufgestaut hatte, BLITZTE AUF und PFIFF.
Josephine war Feuer und Flamme.

RUFT DIE FEUERWEHR.

Nein! Nicht nötig!

Mais oui –
Knie schieben zusammen, dann fliegen sie.
Arme überkreuzen sich und breiten sich aus.

QUELLE SURPRISE!

Es sprach sich herum.
In der Premierenvorstellung
KNISTERTE die Luft vor Spannung.

Ein gewaltiger Tänzer hob Josephine auf die Bühne.
Wie SCHWARZE LAVA glitt sie von seinem Rücken
und wandte sich dem Publikum zu.
Ihr tiefer vulkanischer Kern – durchdrungen von Gefühlen,
durchdrungen von Musik – BRACH AUS.

Sie schüttelte sich beim Shimmie.
Sie schwang und sie schlug.
Funken flogen.

C'EST MAGNIFIQUE!

„Ich improvisierte, raste mit der Musik.
Selbst meine Zähne und Augen
waren fieberheiß.
Ich sprang, um den Himmel zu berühren:
Als ich wieder Boden unter den Füßen hatte,
gehörte er mir ganz alleine.“

Das Publikum war außer Rand und Band.
Ein neuer Stern war aufgegangen.
ABEND FÜR ABEND
zog Josephine die Massen an –
ein Traum war wahr geworden.

Die Menschen sahen ihr zu und meinten:
„SCHWARZ IST SCHÖN."

Dann brillierte sie
in den Folies Bergère.
JOSEPHINE
– ihr Name in Leuchtbuchstaben –
lebte ein MÄRCHEN.
Das Theater füllte sich mit Prinzen,
Malern, Diplomaten.

Die SCHWARZE PERLE
kletterte eine Palme hinab,
mit einem Rock aus Bananen
und einer Kette aus Muscheln.
Sie wand sich wie eine Schlange,
schlich wie ein Panther
und boxte wie ein Känguru.
Mais oui.

FOLIES BERGERE
JOSEPHINE BAKER

Josephine war der LETZTE SCHREI.
Die Menschen brachten ihr Puppen, bekleidet mit Bananen,
Josephine-Lippenstifte, -Schuhe, -Parfum, -Kleider,
Bakerfix-Haarpomade.
Die feine Gesellschaft ließ sich bräunen,
um Josephine zu gleichen.
Währenddessen
bleichte Josephine ihre Haut mit Zitronen,
um nach feiner Gesellschaft auszusehen.

Sie schritt die Champs-Élysées, das Herz von Paris, entlang,
mit ihrem Geparden Chiquita,
beide trugen ein Diamanthalsband –
MAJESTÄTISCH wie eine Königin bei Tage,
UNGEZÄHMT wie ein Gepard bei Nacht.

Sie NAHM SCHALLPLATTEN AUF,
war Star in einem, zwei, drei Filmen,
Aschenputtel-Geschichten,
wie ihre eigene.
VOM TELLERWÄSCHER ZUM MILLIONÄR –
vom Leben in der Gosse
zum Pariser Leben in Saus und Braus.

Josephine tanzte durch Deutschland, Russland,
Ägypten, Schweden, Südamerika.
Ihre Verehrer schickten ihr Liebesbriefe, Juwelen,
Blumen, Automobile.
SIE LIEBTEN SIE,
überwältigt von ihrer Unbekümmertheit,
ihrer tollkühnen Art.

SIE WAR EXPLOSIV

und SKANDALÖS.

Was für ein Spaß für Josephine!

In Wien

nannten die Österreicher sie Teufelin –

Wilde –

und in den Straßen entbrannten Randale.

JOSEPHINE WAR VERBLÜFFT.

Sie? Eine Teufelin?

Doch sie hatte eine Idee.

AN DIESEM ABEND im Theater,
in ein CREMEFARBENES GEWAND gehüllt,
bis obenhin zugeknöpft,
sang sie den Österreichern ein Schlaflied,
„PRETTY LITTLE BABY“,
ein Neger-Spiritual –
aus der Zeit, als Negersklaven
von weißen Herren
geschlagen wurden.

WER KÖNNTE *SIE* EINE WILDE NENNEN?

Es funktionierte. Die Österreicher nannten sie einen ENGEL.
Ein weiterer Sieg für Josephine.
SIE GLÜHTE.

FRANKREICH HAT
MICH ZU DEM GEMACHT,
WAS ICH BIN
1936–1947

Doch noch musste sie
AMERIKA EROBERN –
also segelte sie heimwärts,
über den weiten Atlantik.

Zuerst einmal
ließ sie sich von Willie Baker scheiden –
beendete eine Ehe, die lange vorbei war.

Dann, WEITER ZUR SHOW.

Sie war der Star der

ZIEGFELD FOLLIES –

der komplett weißen *Follies* –

in New York City.

Josephine sprudelte vor Freude.

Sie wurde der ERSTE und EINZIGE

weibliche Neger-Star der *Follies*. JEMALS.

Und doch musste sie ihr Hotel

durch den Dienstboteneingang betreten.

All die weißen Stars ignorierten sie.

Am schlimmsten jedoch,
die Kritiker nannten sie eine „Neger-Göre ... mit vorstehenden Zähnen",
„Dutzendware".

Sie EXPLODIERTE in BRENNENDER WUT.
In der Tat eine *Neger-Göre!*
Doch diese Kritiken bestärkten sie noch mehr,
für ihre Rasse zu kämpfen.

*„Das Leben ist eine Folge von Gipfeln,
und hinter jeder Kuppe lauert
eine neue Spitze, die es zu bezwingen gilt . . ."*

Zurück in Frankreich machte sie das Beste aus ihrem vulkanischen Dampf.
Um sich von dem Schmerz zu erholen,
wurde sie Stunt-Pilotin,
drehte Loopings über der Landschaft,
traf einen MILLIONÄR MITTEN in DER LUFT,
heiratete ihn.
Doch er wollte, dass sie zu Hause bleibt –
also ließ sie sich scheiden.

*„Eine Künstlerin kann die
Bühne nicht aufgeben!"*

In Europa kochte die Stimmung hoch.
In Deutschland wurden Juden verprügelt,
ihre Häuser niedergebrannt.
1939 BRACH DER KRIEG AUS.
Josephine dachte an ihre Kindheit
– die ANGST, den HASS, die VERZWEIFLUNG –
und fasste einen Entschluss.

*„Frankreich hat mich groß gemacht.
Ich gebe mein Leben für Frankreich."*

JOSEPHINE trat dem Roten Kreuz bei,
schöpfte Suppe für die Armen von Paris,
flog erste Hilfe nach Belgien
und SPIONIERTE FÜR FRANKREICH.

Als Star reiste sie überall hin.
In Lissabon, Marseille, Algier,
bei Botschafts-Veranstaltungen
FLIRTETE sie mit Freund und Feind,
belauschte feindliche Nazi-Offiziere.

Dann, sicher in ihrem Zimmer,
schrieb sie mit UNSICHTBARER TINTE
alles auf ihre Notenblätter nieder
oder heftete die Notizen in ihre Unterwäsche
und brachte sie so heim nach Frankreich.

*„Wer würde es wagen,
Josephine Baker
bis auf die Haut zu durchsuchen?“*

Ein kleiner HUSTEN in Barcelona
wurde in Madrid zu einer LUNGENENTZÜNDUNG.
Auf einer Mission in Casablanca,
ERSCHÖPFT und immer noch hustend,
landete sie in einem nordafrikanischen Krankenhaus.
Ihre Besucher – Mitglieder der Résistance –
hielten geheime Treffen an ihrem Bett ab.

Die Zeitungen verkündeten ihren TOD,
doch sie erholte sich.

Gesund genug, um die Verwundeten zu trösten,
um Schotterpisten entlangzuspringen,
um im Sandsturm verloren zu gehen.
Um, wie ein Soldat, auf dem Boden zu schlafen
mit den Sandflöhen –
alles, um vor den US-Truppen aufzutreten.

SCHWARZE Soldaten
müssen ganz VORNE sitzen, bestimmte sie,
zusammen mit den weißen Soldaten
in ihrem Publikum.
Niemals war sie glücklicher.

Josephine wurde zu EINER HELDIN.
Sie half dabei, den Krieg zu gewinnen,
für Frankreich, die USA und ihre Alliierten.
Und sie erhielt Frankreichs höchsten Orden,
den der Légion d'Honneur.

VIVE LA FRANCE.

JOSÉPHINE
1947–1975

Sie heiratete JO BOUILLON,
ihren Orchester-Leiter,
und begann, KINDER verschiedener Abstammung
und aus verschiedenen Ländern
ZU ADOPTIEREN –
aus Korea, Japan, Finnland, Kolumbien
kamen Akio, Janot, Jari, Luis.
Dann Jean-Claude, Moïse, Marianne,
Brahim, Koffi, Mara, Noël
und schließlich die Jüngste, Stellina –

aus Kanada, Israel, Algerien, der Elfenbeinküste, Venezuela und zwei aus Frankreich –

ZWÖLF KINDER INSGESAMT!

Josephine erzog sie in ihrer jeweiligen Religion – als Buddhist, Shintoist, Protestant, Katholik, Jude, Moslem, Animist.

ENDLICH hatte sie das Gefühl, die ganze Welt wäre in ihrer Familie vertreten.

Sie nannte sie ihre REGENBOGENFAMILIE.

Sie lebten in einem CHÂTEAU – Les Milandes –
nicht nur ein Schloss,
sondern auch ein Bauernhof und ein Erholungsort,
an dem Besucher
in einem luxuriösen Hotel verweilen und ihre
Regenbogenfamilie mit eigenen Augen sehen konnten.

*„Wir zeigen der Welt,
dass Rassenhass unnatürlich ist . . .
Kinder unterschiedlicher Herkunft
können gemeinsam als Brüder und
Schwestern aufwachsen."*

Doch Josephine GAB GELD SCHNELLER AUS,
als sie es verdiente.
Ließ die Namen ihrer Kühe in Leuchtbuchstaben
in der Scheune anbringen:
Jeanette, Rosette, Pervenche, Julie, Honorine.
QUELLE MERVEILLE! Fabelhaft!

Sie kaufte mehr LAND,
sie kaufte großzügige GESCHENKE für ihre Kinder,
sie kaufte Designer-KLEIDER.
Ach, die Rechnungen!

Josephine ließ ihre Babys in Les Milandes zurück,
damit sie weltweit auf Tour gehen konnte,
damit sie TANZEN und SINGEN konnte.
Sie musste ihren Nachwuchs unterstützen.
Ihr Schloss. Ihre Familie. Ihr Dorf.

Sie alterte und war nicht mehr ganz so berühmt –
einige Tourneen waren kein allzu großer Erfolg –
und doch liebte sie es, aufzutreten.
Und sie liebte es, nach Hause zu kommen,
mit Umarmungen, weit wie Flügel,
und Geschenken für die Kinder.

Sie verkaufte ihre Kleider, um die Rechnungen zu bezahlen –
NICHT GENUG GELD.
Sie verkaufte ihre Kunst und ihre Juwelen.
IMMER NOCH nicht genug.

Ihr Château wurde einfach wegverkauft.
Sie HIELT DARAN FEST.
Sie zerrten an ihr.
Sie TRAT und BISS.
Doch sie endete auf der Straße
im Regen,
ZWANGSGERÄUMT,
ihre Kinder – heimatlos,
ihre Gesundheit – schwindend,
ihre Rechnungen – NIEDERSCHMETTERND.

Ihre Familie wurde zu einer Bande von Vagabunden –
wie in ihrer eigenen Kindheit.
Erbärmlich.
Wie konnte das nur geschehen?

Sie lebten von der Großzügigkeit lieber Freunde
und Fans, wie Prinzessin Grazia von Monaco.
Das Publikum hatte Josephine beinahe vergessen.
Sie war ALT.

ABER NICHT ZU ALT, UM ZU TANZEN.

Mit siebenundsechzig buchte sie einen Auftritt in der CARNEGIE HALL in New York City, dem bekanntesten Theater weit und breit. Wie würde Amerika sie diesmal empfangen?

Josephine schritt auf die Bühne in einem paillettenbesetzten Ganzkörperanzug und mit einem orangen, federbesetzten Kopfschmuck – 120 Zentimeter hoch.

Die Menge in der Carnegie Hall JUBELTE, bis die Tränen flossen – ihre und Josephines.

Sie TANZTE.
Sie SANG.
Sie STOLZIERTE.
Noch mehr Jubel und Tränen
beim letzten Vorhang.

Die Kritiken glühten. AMERIKA LIEBTE JOSEPHINE.
Sie tourte durch siebzehn Städte. Jeder liebte sie.
Das war es, was sie wollte –
Erfolg in ihrem Heimatland.

Doch die Rechnungen für die Regenbogenfamilie
nahmen kein Ende.
Die jüngeren Kinder, immer noch in der Schule,
brauchten ihre Mutter.

In Paris suchte sie nach einem Theater,
um ihre NEUE SHOW zu präsentieren,
JOSÉPHINE.
Schließlich sagte das Bobino Theater zu.
Sie arbeitete, probte, übte –
sang dreißig Lieder
und TANZTE ihren wilden CHARLESTON.

„Ich trug mein Herz auf meinen Zehen
und meine Seele auf meinen Lippen.
Ich sang für das Paris,
das mich erschaffen hatte,
und ich schluchzte, als ich tanzte.“

Sie erhielt die besten Kritiken aller Zeiten.

„DIES IST NICHT NUR EIN COMEBACK.
DIES IST EINE EWIG WÄHRENDE
RÜCKKEHR“,
schwärmte *L'Express*.

Paris hatte Josephine
mit offenen Armen aufgenommen,
schon wieder.
Ihre Ärzte meinten: RUH' DICH AUS.
Sie konnte nicht.

Nach der Premierenparty von *Joséphine*
war sie die halbe Nacht wach
und feierte.

Der SIEG
war gar ZU SÜSS.
Sie war bereit,
ins nächste Cabaret zu gehen.
Keiner wollte sie begleiten.
Zu müde, meinten sie.

Das Ensemble brachte sie nach Hause.
Sie ging zu Bett
und wachte
nicht mehr auf.

Die Nachricht verbreitete sich auf der ganzen Welt.
Diesmal war es wahr.
JOSEPHINE WAR GESTORBEN.

Paris bestattete sie wie eine KÖNIGIN –
ein mit Blumen bedeckter Leichenwagen
fuhr ihren Sarg langsam durch die Straßen.
Hunderte Polizisten
verschränkten die Arme,
damit die Menge den Wagen
nicht zerdrückte.
Eine Stimme in der Menge meinte:
„Elle est morte. Elle est immortelle."
SIE IST TOT. SIE IST UNSTERBLICH.

Wie sie es sich gewünscht hatte,
starb Josephine atemlos, erschöpft,
am Ende eines Tanzes.

Adieu, Joséphine.

ANMERKUNG DER AUTORIN

Freda Josephine McDonald wurde am 3. Juni 1906 in Saint Louis, Missouri, geboren. Ihr ganzes Leben lang glaubte Josephine daran, dass Menschen aller ethnischen Gruppen in Frieden miteinander leben können. Als sie in Frankreich wohnte, kam sie in die USA, um aufzutreten und um unermüdlich gegen Rassendiskriminierung zu kämpfen. Sie überzeugte Bankvorstände, Fernsehproduzenten und Geschäftsinhaber davon, Schwarze auch in leitenden Positionen einzusetzen.

Am 28. August 1963 sprach sie neben Martin Luther King Jr. auf den Stufen des Lincoln Memorials zu 250.000 Schwarzen und Weißen, die für den Marsch auf Washington zusammengekommen waren. Sie adoptierte zwölf Kinder aus verschiedenen Ländern und nannte sie ihre „Regenbogenfamilie".

Josephine tanzte sich von den Slums in die höchsten Gesellschaftsschichten und wurde die reichste schwarze Frau der Welt, bis sie ihr Vermögen aufgrund ihrer Großzügigkeit und ihres extravaganten Lebensstils verlor. Sie starb am 12. April 1975, aber ihre unbeugsame Seele lebt weiter und dient als Inspiration für unsere eigenen Hoffnungen und Träume.

Patricia Hruby Powell tourte mit ihrer Tanzkompanie One plus One *in Nord- und Südamerika sowie in Europa und wurde dann Kinderbuchautorin. Sie bewunderte Josephine Baker sehr früh und durch Lesungen in Schulen und ihre Arbeit als Bibliothekarin wurde ihr bewusst, was für ein großartiges Vorbild Josephine für Kinder und Jugendliche sein kann. Sie war mit* Josephine *2015 unter den Honor Books der Robert F. Sibert Medal und ist online unter talesforallages.com präsent.*

ANMERKUNG DES ILLUSTRATORS

Meine Recherche zu diesem Buch bestand aus vielen Ausflügen in die Stadtbibliothek von San Francisco. Ich lieh mir Tonnen von Büchern über Josephine und ihre Zeit aus. Mein Standardwerk wurde *Josephine Baker and La Revue Nègre*, eine Sammlung von Lithografien von Paul Colin. Ich verbrachte viele Stunden damit, Videos von der tanzenden und singenden Josephine anzuschauen. Und schließlich besuchte ich Paris!

Andererseits habe ich an diesem Buch mein ganzes Leben lang gearbeitet. Ich erinnere mich an einen Familienausflug nach New Orleans, als ich noch klein war. In einem Souvenir-Shop sah ich zum ersten Mal das Plakat einer tanzenden Frau mit einem Rock aus Bananen. Ich war fasziniert. Meine Großmutter erklärte mir, dass diese Frau eine große Tänzerin namens Josephine Baker war. Im College stieß ich dann auf den Film *Die Josephine-Baker-Story* von Brian Gibson. Ihr Mut und ihr Durchhaltevermögen bewegten mich. Ich dachte oft an sie, wenn ich in meinem Leben Schwierigkeiten überwinden musste.
Ihre Lebensgeschichte zu illustrieren, war ein Traum. Ich hoffe, ich habe alle die inspirierenden Aspekte von Josephine in meiner Arbeit spiegeln können.

Seit dem zarten Alter von 13 Jahren inspiriert Josephine Baker Christian Robinson und er hätte nie gedacht, dass er eines Tages die Chance bekommen würde, ihre Geschichte durch seine eigenen Illustrationen zu erzählen. Er war mit Josephine *2015 unter den Honor Books der Robert F. Sibert Medal und der Coretta Scott King Book Awards (Illustrator) und ist online unter theartoffun.com präsent.*

WEITERFÜHRENDE LEKTÜRE

Baker, Jean-Claude, und Chris Chase. *Josephine: The Hungry Heart.* New York: Random House, 1993. (englisch)

Baker, Josephine, und Jo Bouillon. *Josephine.* Paris: Robert Laffont, Opéra Mundi, 1976. (französisch)

Haney, Lynn. *Naked at the Feast: A Biography of Josephine Baker.* New York: Dodd, Mead, 1981. (englisch)

Rose, Phyllis. *Josephine Baker oder Wie eine Frau die Welt erobert.* Wien, Darmstadt: Zsolnay, 1990. (antiquarisch erhältlich)

Schroeder, Alan. *Josephine Baker.* New York: Chelsea House, 1991. (englisch)

Schroeder, Alan. *Ragtime Tumpie.* Illustriert von Bernie Fuchs. New York: Little, Brown, 1989. (englisch)

LITERATURVERZEICHNIS

Baker, Josephine, und Jo Bouillon. *Josephine.* Ins Englische übersetzt von Mariana Fitzpatrick. New York: Paragon House, 1988. S. 16, 24, 28–29, 38, 47, 48, 50, 51–52, 87, 116, 125, 162, 205.

Baker, Josephine, und Marcel Sauvage. *Les Mémoires de Joséphine Baker.* Paris: KRA, 1927. S. 57, 149.

Baker, Josephine, und Marcel Sauvage. *Les Mémoires de Joséphine Baker.* Paris: Correa, 1949. S. 270.

Haney, Lynn. *Naked at the Feast: A Biography of Josephine Baker.* New York: Dodd, Mead, 1981. S. 15, 28.